# Zoom sur la nature

# La mer

CAPITOL HILL SCHOOL
350 HOLDOM AVE.
BURNABY, B.C.
V5B 3V1

## FRANK SERAFINI

### Texte français de Laurence Baulande

*Éditions*
📖SCHOLASTIC

# Approche-toi et regarde bien.

**Que vois-tu?**

**Une fleur?**
**Un fossile?**
**Qu'est-ce que c'est?**

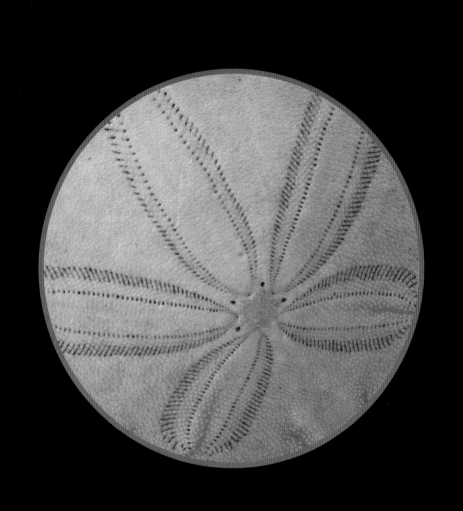

# C'est un dollar des sables.

Ce petit disque qui ressemble à une pièce de monnaie n'est pas un dollar, bien sûr. C'est le squelette d'un animal qu'on appelle oursin plat, ou dollar des sables.

Quand ils sont vivants, les dollars des sables sont recouverts de poils minuscules. Sur le dessus, ils ont une série de trous, disposés comme les pétales d'une fleur. Pour se déplacer au fond de la mer, les dollars des sables absorbent l'eau de mer et l'expulsent par ces trous.

# Approche-toi et regarde bien.

Que vois-tu?

Des becs d'oiseau?
Des graines de tournesol?
Qu'est-ce que c'est?

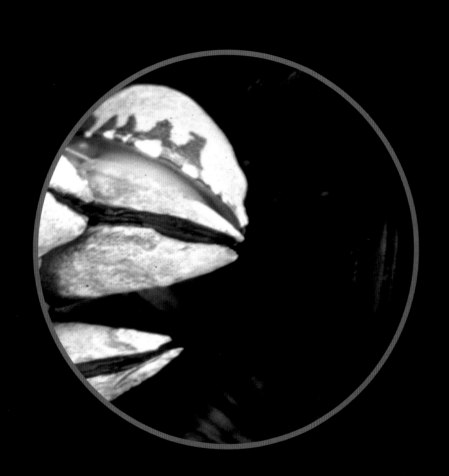

# C'est un pouce-pied.

Les pouces-pieds s'accrochent aux surfaces dures, comme les rochers, les bois flottants et parfois les coques des bateaux. Ils vivent en bancs, là où les vagues se brisent sur le rivage.

Les pouces-pieds gardent leur carapace fermée, sauf pour manger. Lorsque la marée monte, les pouces-pieds étirent leur long pied duveteux pour capturer leur nourriture et l'amener jusqu'à leur estomac. Lorsque la marée descend, ils referment hermétiquement leur carapace pour retenir l'eau et rester humides.

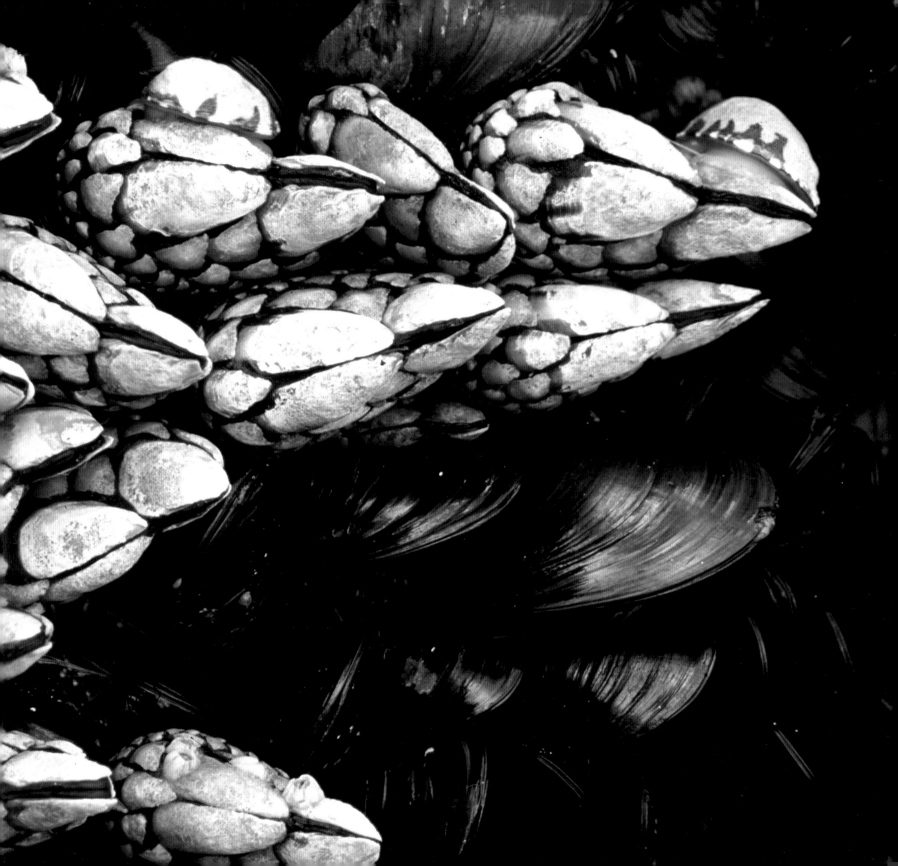

# Approche-toi et regarde bien.

Que vois-tu?

Des écailles de poisson?
Des serpents de mer?
Qu'est-ce que c'est?

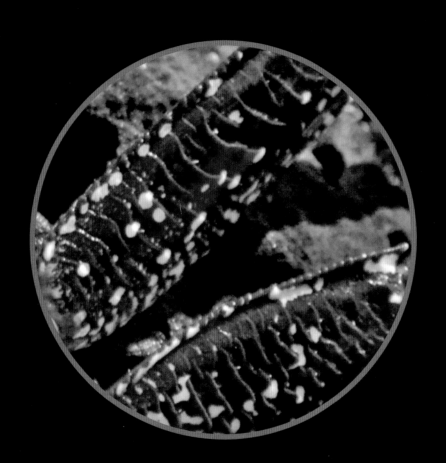

# C'est un crabe des rivages.

Ce crabe a deux pinces, huit pattes et un squelette à l'extérieur de son corps. Ce squelette est une carapace dure, comme une armure. Elle protège le corps mou du crabe contre les mouettes et les autres prédateurs.

Le crabe des rivages se déplace de côté en dansant. Quand il est effrayé, il se glisse dans les fissures des rochers. Les taches et les stries qui ornent son dos lui permettent de se confondre avec les rochers – pour ne pas être vu et mangé!

# Approche-toi et regarde bien.

Que vois-tu?

Des étoiles dans le ciel?
Des perles?
Qu'est-ce que c'est?

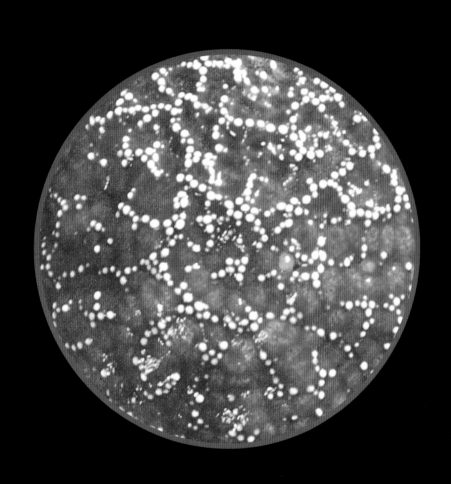

# C'est une étoile de mer sanguine.

Il existe plus de 2000 sortes d'étoiles de mer dans les mers du globe. Elles appartiennent à la famille des échinodermes, comme les oursins. Échinoderme signifie « à la peau épineuse ».

Certains des petits points blancs sur l'étoile de mer sanguine sont des pinces. Elles lui servent à se défendre et à repousser les plantes et les animaux.

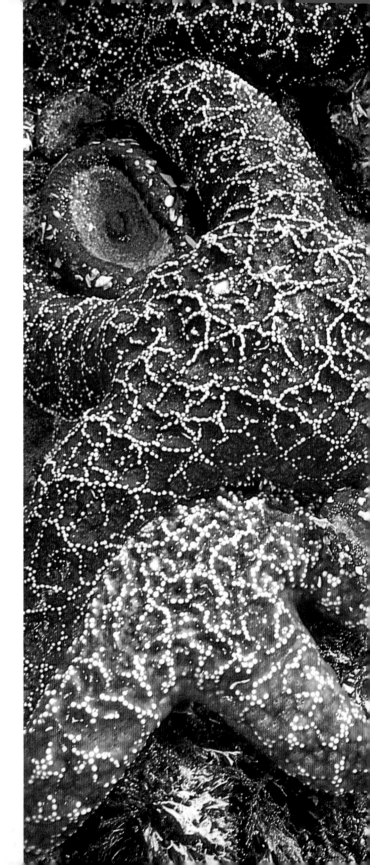

# Approche-toi

## et regarde bien.

Que vois-tu?

Des brins d'herbe?
Des cheveux de sirène?
Qu'est-ce que c'est?

# C'est un cocotier.

Le cocotier est un des palmiers les plus connus. Les palmiers poussent dans les régions chaudes ou tropicales. On en trouve souvent à proximité des plages, leurs longues feuilles flottant dans la brise marine.

Les cocotiers possèdent les plus grandes feuilles de tout le règne végétal. Elles forment une sorte de ventilateur géant à partir de la cime de l'arbre. Les cocotiers ont aussi les plus grosses graines du monde. Tu en as probablement déjà mangé : on les appelle noix de coco.

# Approche-toi

## et regarde bien.

Que vois-tu?

Des pierres de lune?
La bouche d'une baleine?
Qu'est-ce que c'est?

# C'est une moule bleue.

Les moules bleues vivent en bancs pour se protéger. Grâce à un faisceau de fils, que l'on appelle la barbe, les moules s'arriment aux rochers juste sous la ligne de rivage.

Comme les palourdes, les moules ont deux coquilles jointes par une charnière. Les coquilles des moules bleues peuvent être bleues, noires ou mauves à l'extérieur, avec des stries circulaires. À l'intérieur, elles sont blanches et lisses comme des perles.

# Approche-toi et regarde bien.

Que vois-tu?

De la crème fouettée?
Une dent de requin?
Qu'est-ce que c'est?

# C'est une coquille de strombe géant.

La coquille du strombe géant est l'un des plus grands coquillages au monde. Elle est fabriquée par un animal appelé le strombe géant. Celui-ci vit dans les zones peu profondes des mers chaudes. Il se déplace très lentement et s'enfouit dans le sable pour se cacher.

Le strombe géant utilise les minéraux contenus dans l'eau de mer pour fabriquer sa coquille. La partie supérieure de celle-ci forme une spirale appelée spire. La spire d'un strombe géant s'enroule toujours vers la droite.

# Approche-toi et regarde bien.

Que vois-tu?

Des anguilles vertes?
Des doigts de monstre?
Qu'est-ce que c'est?

# C'est une anémone de mer géante.

On appelle souvent les anémones de mer « fleurs de la mer ». Elles sont de la même famille que les coraux et les méduses. Mais les anémones sont des animaux et non des plantes. Elles s'attachent aux rochers avec leur unique pied.

L'anémone verte géante se sert de ses tentacules pour piquer les petits poissons et les amener jusqu'à sa bouche. Quand la marée descend, l'anémone se ferme en repliant ses tentacules; ainsi, ils ne sèchent pas.

# Approche-toi

## et regarde bien.

**Que vois-tu?**

**Une bille?**
**Une planète?**
**Qu'est-ce que c'est?**

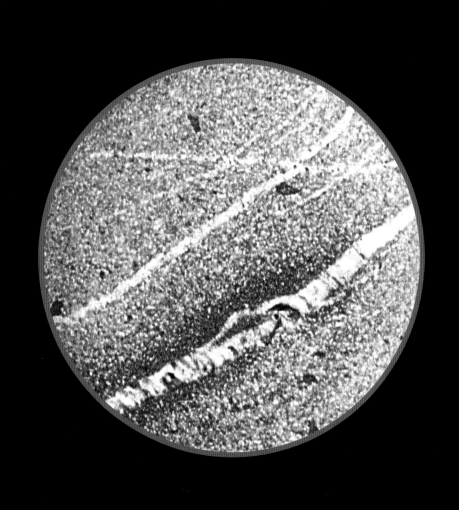

# C'est un galet de mer.

Au bord de la mer, on trouve parfois des plages de galets au lieu de plages de sable. La plupart de ces galets se sont formés il y a des millions d'années, à partir de sable, de terre et de fragments de coquillages. Si tu regardes un galet de très près, tu peux voir que ces minéraux ont dessiné des lignes dans la pierre.

Les galets de mer sont polis par les vagues qui les font rouler et le sable qui les ponce. Il faut des milliers d'années pour que les roches soient bien lisses.

À mes nièces, Chandler et Morgan. Que votre vie vous laisse
le temps de vagabonder et de vous émerveiller.

## Mot du photographe

Les photographes prêtent attention à des choses que la plupart des gens ne remarquent pas ou considèrent comme
banales. Je peux passer des heures à me promener au bord de la mer, dans la forêt, dans le désert ou dans mon
jardin, à la recherche de sujets intéressants à photographier. Ma destination n'est pas un endroit, mais plutôt une
autre façon de voir.

Cela prend du temps de remarquer les choses. Pour être photographe, tu dois prendre ton temps et imaginer
visuellement, c'est-à-dire dans « l'œil de ton esprit », ce que l'appareil peut saisir. Ansel Adams disait qu'on pouvait
trouver assez d'images intéressantes pour toute une vie dans un espace de six pieds carrés sur Terre. Pour cela, il
faut s'approcher et regarder de très, très près.

À l'aide des images réalisées pour cette collection de livres, j'espère inciter les gens à faire attention à la nature, à
observer des choses qu'ils n'auraient sans doute pas remarquées en temps normal. Je voudrais que les gens
regardent la nature autour d'eux, qu'ils apprécient ce qu'elle offre et qu'ils commencent à protéger ce fragile
environnement dans lequel nous vivons.

Catalogage avant publication de Bibliothèque et Archives Canada

Serafini, Frank

La mer / Frank Serafini; texte français de Laurence Baulande.

(Zoom sur la nature)

Traduction de : Looking closely along the shore.

Pour les 4-8 ans.

ISBN 978-0-545-99230-5

1. Biologie des rivages--Ouvrages pour la jeunesse.

I. Baulande, Laurence II. Titre. III. Collection.

QH95.7.S42514 2008        j578.769'9        C2007-905360-2

Page 38 : Taveuni, îles Fidji
Quatrième de couverture : Malolo Lailai, îles Fidji

Copyright © Frank Serafini, 2008, pour le texte et les photographies.
Copyright © Éditions Scholastic, 2008, pour le texte français.
Tous droits réservés.

Il est interdit de reproduire, d'enregistrer ou de diffuser, en tout ou en partie,
le présent ouvrage par quelque procédé que ce soit, électronique, mécanique, photographique,
sonore, magnétique ou autre, sans avoir obtenu au préalable l'autorisation écrite de l'éditeur.
Pour la photocopie ou autre moyen de reprographie, on doit obtenir un permis auprès d'Access Copyright,
Canadian Copyright Licensing Agency, 1, rue Yonge, bureau 800, Toronto (Ontario)  M5E 1E5
(téléphone : 1-800-893-5777).

Conception graphique : Julia Naimska

Édition publiée par les Éditions Scholastic,
604, rue King Ouest, Toronto (Ontario)  M5V 1E1
avec la permission de Kids Can Press Ltd.

5 4 3 2 1    Imprimé en Chine    08 09 10 11 12